◆印は不明確な年号、ころの意味です。

| アジア・アフリカ | 日本の動き | 西暦 |
|---|---|---|
| 1867 マライ＝海峡植民地イギリス直轄地<br>1869 スエズ運河開通<br><br>1874 ベトナム＝フランスの保護国<br>1876 日朝修好条規締結<br>1877 インド帝国成立　インド、イギリス領となる<br>　　　ロシア・トルコ戦争<br>1878 サン・ステファノ条約<br>1881 エジプト＝アラービー・パシャの乱<br>1882 エジプト＝イギリスに軍事占領される（—1914）<br>1885 インド国民会議派成立<br>1886 ビルマ、イギリス領となる<br>1887 フランス領インドシナ連邦成立<br>1894 日清戦争（—1895）<br>1898 清＝戊戌の変法<br>1899 清＝義和団事件（—1901）<br>1900 日本、ロシアなど6か国が清に出兵<br>1905 孫文、中国革命同盟会を東京で結成<br>1906 インド国民会議　反イギリス運動おこる<br>1908 青年トルコ党の革命<br><br>1910 日韓併合<br>1911 清＝辛亥革命<br>1912 中華民国成立　孫文、臨時大総統に就任<br>1919 ガンジーのサチャグラハ運動はじまる<br>　　　中国国民党成立<br>1921 中国共産党成立<br>1922 オスマン帝国滅亡<br>1923 トルコ共和国成立<br>1937 日華事変（日中戦争）はじまる | 自由民権の思想・社会主義思想　国家体制が成立　富国強兵　帝国主義　近代文学の開花　大陸進出開始　大正デモクラシー | 1865<br><br><br><br><br><br><br><br><br><br><br><br><br><br><br><br>1900<br><br><br><br><br><br><br><br><br><br>1940 |

# 目　次

| | | |
|---|---|---|
| **ノーベル** | 文・有吉忠行<br>絵・中渡治孝 | 6 |
| **マーク・トウェーン** | 文・有吉忠行<br>絵・安久津和巳 | 20 |
| **コッホ** | 文・有吉忠行<br>絵・鮎川　万 | 34 |
| ゴーガン | 文 有吉忠行 | 48 |
| パブロフ | 文 有吉忠行　絵 石山みのる | 50 |
| フロイト | 文 有吉忠行　絵 浜岡信一 | 52 |
| チオルコフスキー | 文 有吉忠行　絵 槇　隆夫 | 54 |
| ディーゼル | 文 有吉忠行　絵 永沢　樹 | 56 |
| ザメンホフ | 文 有吉忠行　絵 永沢　樹 | 58 |
| チェーホフ | 文 有吉忠行　絵 永沢　樹 | 60 |
| 読書の手びき | 文 子ども文化研究所 | 62 |

せかい伝記図書館 13

# ノーベル
# マーク・トウェーン
# コッホ

いずみ書房

# ノーベル

(1833—1896)

発明したダイナマイトが、戦争に使われたことに心をいためてノーベル賞を残した化学者。

## ●父のあとを追ってロシアへ

1896年12月10日、ダイナマイトを発明したひとりの化学技術者が、イタリアのサン・レモで亡くなりました。そして5年ごの1901年から、その化学技術者が残したばく大な財産をもとにして、人類の発展と世界の平和のためにつくした人に、すばらしい賞がおくられることになりました。それは、いまも世界最高の賞とされているノーベル賞です。

このノーベル賞を世に残したアルフレード・ノーベルは、1833年に、スウェーデンの首都ストックホルムで生まれました。

父は、優秀な建築家でしたが、ノーベルが生まれたころは、ほとんどお金にはならないような、機械の研究や発明にむちゅうになっていました。そのうえ、ノーベル

が4歳のとき「かならず成功してみんなをよびよせる」と約束して、ひとりでロシアへ渡ってしまいました。

ストックホルムに残されたノーベルと、ふたりの兄と、そして母との4人の生活は、ときには小学生の兄たちもはたらかなければならないほど、苦しいものでした。

しかし、母も子どもも、父を信じていました。だから、母はいつも明るく、兄弟3人はいつもなかよく、あたたかい心でがんばりつづけました。

やがて5年が過ぎ、ノーベルは小学校の2年生になりました。ある日のこと、ついに成功した父から、待ちに待った便りがとどきました。

「うわーい、おとうさんに会える。外国へも行ける」

ノーベルは、母にとびついてよろこびました。

「みんな、よくがんばったわね。もう安心だわ」

母は、元気に育ってくれた子どもたちに感謝しました。そして1842年の秋、家族は、ストックホルム港からバルト海へ乗りだしました。

● 詩人になることを考えた少年時代

ペテルブルクの父は、工場を経営していました。家族は庭に噴水のある大きな家に住み、子どもたちは家庭教師から、外国語や数学や理科や文学を学ぶようになりました。しばらくするとノーベルに弟が生まれて家の中はますますにぎやかになり、家族はみんなしあわせでした。

このころ工場では、ロシア政府のたのみで、たくさんの人が父の研究した地雷や機雷を作っていました。

ノーベルは、地雷や機雷が戦争に使う武器だということが少し気になりました。でも、工場を見てまわったり、父から火薬の実験の話を聞いたりするのは楽しみでした。そして、しだいに科学や発明に興味をもつようになりました。

ノーベルが16歳になったときのことです。

「ふたりの兄さんには工場を手つだってもらう。でも、きみはアメリカへ行って、しばらく研究しておいで」
　父にこういわれて、ノーベルは、びっくりしました。新しい勉強ができるのはうれしいけれど、遠い国へひとりで行くのは、少しこわいような気がします。
　でもノーベルは、母や兄にはげまされて、ひとりで旅にでる決心をしました。
　ところが、アメリカへ着いたノーベルは、しばらくすると、科学の勉強をすっかりやめてしまいました。詩の本を読んでいるうちに、文学のほうがすきになってしまったのです。とくに、シェリーというイギリスの詩人

のつづった作品から、平和がどんなにとうといものであるかを教えられ、強く心をうたれました。そしてノーベルは、詩人になろうかとさえ考えるようになりました。

そんなある日、父からの手紙がとどきました。

「きみの発明が楽しみだ。しっかりがんばってくれ」

この手紙を見たノーベルは、自分が、父や兄との約束をやぶっているのに気がつきました。そしてロシアへとんで帰ると、父に、科学の勉強をしなかったことをわびました。父は、少しもしかりませんでした。

「2年見ないあいだにりっぱになったわ」「科学の勉強をやめても、心をきたえてきたじゃないか」

母にも兄たちにもやさしくむかえられ、18歳のノーベルは、家族のあたたかさになみだを流し、これからは父の工場ではたらくことを心に決めました。

## ●クリミア戦争が終わって破産

1854年に、ロシア軍と、イギリス・フランス・トルコ連合軍とのあいだでクリミア戦争が起こり、父の工場は目がまわるほどいそがしくなりました。ノーベルが、工場ではたらくようになって3年めのことでした。

ロシア政府からたくさんの機雷の注文を受けた父は、工場をさらに大きくして、はたらく人もふやしました。

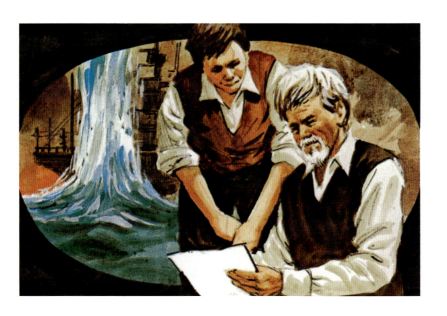

　ノーベルは、武器を作っているという不安には目をつぶり、いつかは平和に役だてる夢をいだいて、爆発力の強い火薬の研究をつづけました。
　工場から戦場へ送られた機雷は、ロシア軍の港に浮かべられ、攻めてきた連合軍の艦隊を防ぐのに、大きな威力を示しました。
「機雷は、すばらしい武器だ」
　ロシア皇帝から感謝された父は、大はりきりでした。でも、母だけは、心をくもらせていました。
「戦争が終わって軍の注文がなくなったり、皇帝がかわったりして、計画がくるったらどうするのですか」

4人の子どもをかかえた母は、たったいまのことよりも、将来のことを考えていたのです。

　この母の心配は、3年もしないうちに、ほんとうのことになってしまいました。

　クリミア戦争が、ロシア軍の負けに終わったうえ、皇帝もかわり、父と約束していたことは、ぜんぶ取り消されてしまったのです。

　機雷は山のように残り、新しい注文もきません。困った父は、借金を返すために工場を売り、ノーベルとふたりの兄を残して、スウェーデンへ帰って行きました。

　兄が、いままでどおりに、人の手に渡った工場ではたらけるようになったことだけが、さいわいでした。

### ●発明した新しい火薬

「父は、ストックホルムへ帰ってからも、ニトログリセリンを使って、やはり火薬の研究をつづけている。よし、それならぼくも、父を助けて同じ研究をしよう」

　ノーベルは、工場の片すみで、新しい研究と実験にとりかかりました。

　ニトログリセリンは、それまでの粉末の黒色火薬よりも、はるかに爆発力が強い液体です。父もノーベルも、黒色火薬とニトログリセリンをいっしょに使って、もっ

と強力な爆薬を作ろうと考えていました。

　父の考えは、黒色火薬とニトログリセリンを、ただまぜ合わせるというものでした。しかしノーベルは、ふたつをまぜ合わせず、ニトログリセリンだけをつめた容器を、黒色火薬を入れた金属の筒に入れ、導火線でまず黒色火薬を爆発させて、その圧力と熱でニトログリセリンを爆発させる方法を考えました。

　実験は危険でした。でも、おそれずに研究をつづけました。そして４年め、ついに実験に成功して、ニトログリセリン火薬を発明しました。

　ノーベルは、実験成功のうれしい知らせをみやげに父

のもとへ帰り、新火薬の特許を、スウェーデンだけではなく、イギリスやフランスやベルギーなどでもとりました。そして、新火薬の威力を人びとに見せるための公開実験を、鉱山や山の石切り場で始めました。
「すばらしい火薬だ。何十人もで、いく日もかかっていた仕事が、たった１発で片づいてしまうぞ」
　山の作業に火薬が使われたのは初めてです。公開実験は大評判になり、新聞や雑誌も、ニトログリセリン火薬の発明をほめたたえました。
　やがて、鉱山や建設会社から、新火薬の注文がぞくぞくとくるようになりました。火薬を、戦争にではなく、産業や社会のために使うのは、ノーベルがいちばんのぞんでいたことです。
「さあ、父といっしょに工場を建てよう。そして、早くもういちど、父と母をしあわせにしてあげよう」
　ノーベルは希望にもえてはたらき始めました。

● ついに完成したダイナマイト

　ところが、火薬を作りはじめて数か月ごに、思いがけない不幸がおとずれました。
　鉱山へ行っていたノーベルに、工場が爆発したという知らせがとびこんだのです。

「どうぞ、みんなが無事でありますように」
　ノーベルは、祈るような気持ちで、工場へ馬車を走らせました。心配は、おそろしい現実にかわりました。
　吹きとんでしまった工場のあとに、5人の死体が並べられています。しかも、そのなかのひとりは、大学の夏休みに工場の仕事を手つだっていた弟でした。
「ゆるしておくれ、こんな工場を作ったばかりに」
　ノーベルは、泣きくずれました。
　いちばん下の子どもを失ってしまった父母の悲しみは大きく、父は急にたおれて、寝こんでしまいました。そのうえ警察からは、ふたたびこの町に火薬工場を建設す

ることを、禁止されてしまいました。
　ノーベルは、弟のことを思いだしては苦しみました。もう火薬の研究をやめてしまおうかとさえ考えました。
「5人の死をむだにしてはならない」
「失敗と悲しみをのりこえて、産業の発展のために、安全な火薬を作りあげるのが、わたしの役めだ」
　思い悩んだすえに、ノーベルは、自分自身の心をふるいたたせました。そして、町はずれの大きなみずうみに船を浮かべ、その船を工場にして、火薬の製造と研究を始めました。さらに、それから1年ごには、ドイツのクリュンメルに「アルフレード・ノーベル会社」を作って、大量のニトログリセリン火薬を世界の各地へ送りだすようになりました。
　ところが、またも困ったことが起こりました。こんどは火薬を買った会社で爆発事故がつづき、ノーベルの新火薬はやはり危険だということになってしまったのです。調べてみると、原因は、ニトログリセリンが火薬の筒から外に流れでるためだ、ということがわかりました。
「ニトログリセリンが液体だからいけないのだ。なにかにしみこませて、固体にする方法はないものだろうか」
　ノーベルは、安全な火薬の研究にはげみました。そして数か月ののち、ニトログリセリンを、ねん土によくに

たケイ藻土にしみこませる方法を発見しました。
　実験してみると、爆発力も強く大成功でした。
「こんどこそ大発明だ。ダイナマイトと名づけよう」
　ノーベルは、自信をもってダイナマイトを世界に発表しました。32歳でした。

● ノーベル賞を世に残して

　すえの子を工場の爆発で失ってから、寝こんだままだった父が、1872年とうとう亡くなりました。
　ノーベルは、この悲しみをのりこえて研究をつづけながら、イギリスにも、フランスにも、アメリカにもダイナ

マイト工場を建設しました。そして、ダイナマイトを改良したゼラチン爆薬や、バリスタイトという無煙火薬などを発明して、世界の火薬王とよばれるようになりました。

しかし、ノーベルが発明した爆薬や火薬は、平和な産業だけではなく、各国で、戦争用に使われることも少なくありませんでした。ノーベルは、そのおかげで大金持ちになりました。ところが、財産がふえればふえるほど、いっぽうでは、自分の事業が戦争にむすびついていることに疑問をいだき、平和のために力をつくさなければならないと、心をいためるようになりました。

す早い実行力をもったノーベルは、電話や電池の改良と、人造ゴムや人造皮革の発明など、平和産業に役だつ研究にもとりくみました。また、平和運動を起こしている人びととまじわって、世界から戦争をなくすために、いろいろな提案をしました。

「世界の国ぐにが協定をむすんで、攻撃を受けた国をみんなで守ってやるようにすればよい」

このノーベルの発言は、いまの国際連合のもとになっています。でも、地球上から戦争をなくすことは、なかなか実現しそうにありません。そこで、自分の力で人類の平和のためにつくそうと考えるようになりました。それは、ノーベル賞を世に残すということでした。

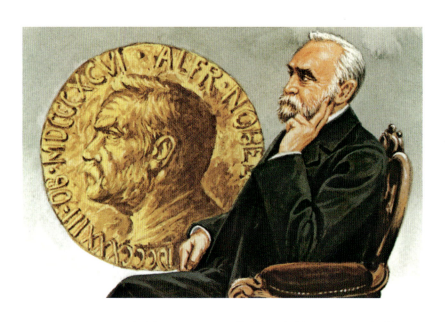

「わたしは、自分のすべての財産を基金にして、毎年、その利子を、物理学、化学、生理・医学でたいせつな発明や発見をした人、すぐれた文学を書いた人、世界の平和につくした人におくることにする」

　心臓が悪くなり、自分の命がもう長くないことに気づいていたノーベルは、62歳のときに、この遺言状を書きました。

　そして1896年、もう思い残すことはないかのように、火薬の研究にささげた生涯を終えました。

　ノーベルは大地に眠っても、その心は、ノーベル賞となって、いまも生きつづけています。

# マーク・トウェーン

(1835—1910)

自由と平等を愛し、生き生きとした少年文学を書き残したミシシッピのわんぱくこぞう。

## ●海賊ごっこがすきなわんぱく少年

いたずら好きのトムが、宿なしハックとくりひろげる冒険のかずかずをおもしろおかしく描いた『トム・ソーヤーの冒険』。ハックが、川の中の小さな島で原始人のような生活を楽しみ、白人からのがれてきた黒人どれいをすくいだす『ハックルベリ・フィンの冒険』。世界の子どもたちにしたしまれている、このふたつの名作を書いたマーク・トウェーンの本名は、サミュエル・ラングホーン・クレメンズです。25歳ころまでは、サムという名でよばれていました。

サムは、1835年に、アメリカ合衆国ミズーリ州の小さな村フロリダで生まれました。父は、しょうじきで、げんかくな法律家でした。母は、心のやさしい人でした。腹をすかしたネコがやってくれば、どんなにきたなくて

　も家の中に入れてやるほど、小さな動物にまで、愛をそそぎました。
　サムが4歳のとき、家族は、ミシシッピ川のほとりのハンニバルという町へひっ越しました。
　ミシシッピ川は、アメリカでいちばん大きな川です。サムは、この川や、川に浮かぶ緑の島のほか、町じゅうのあき地や丘をあそび場にして、楽しい毎日をすごしました。家の中でおとなしくしていることなど、まったくありませんでした。
　わんぱくで、いたずらなサムは、小さなヘビやコウモリを、母の針ばこにそっと入れておくようなことをして

は、いつも、しかられました。

　とくいなあそびは、木の刀をふりかざし、はだしでミシシッピ川の島にのりこむ海賊ごっこでした。板をつなぎ合わせ、ぼろぼろの帆を立てた小さな舟は、宝をつんだ海賊船のつもり。まっ黒に日やけしたサムとなかまは、片目に黒い眼帯をしたひげもじゃの海賊のつもりです。
「おれたちは海賊さまだぁー。宝ものはどこだぁー」
　わんぱくこぞうたちは、のどの奥が見えるほど大きな口をあけて、島じゅうをかけまわりました。
　こうして、のびのびとした心に育っていったことは、ほんものの宝ものを手に入れるよりも、もっとすばらしいものでした。
　ところが、学校でのサムは、勉強するのは苦手で、のろでした。それに、いたずらをしたり、授業中に教室からぬけだしたりして、そのたびに、先生にむちでぶたれました。でも、たったひとつだけ、だれよりもよくできることがありました。作文です。思いきりあそんだことを、生き生きと書いた作文は、笑いだしたくなるほど楽しくて、みんなを感心させました。
「学校の勉強もたいせつだけど、ぼくには、友だちといろんな空想をしてあそぶほうが、もっとたいせつなんだ」
　このように考えていたサムは、ほんとうに、あそびの

天才でした。

## ●学校をやめて新聞作り

ところが、11歳になってまもなく、サムは、わがままも、いたずらも、ぴったりとやめてしまいました。

いっしょうけんめいにはたらいていた父が急に亡くなり、サムは、親に心配ばかりかけてきたことを、心から、こうかいしたのです。

「ぼく、これからはどんないいつけも守るよ。かあさんがすすめる仕事があったら、よろこんではたらくよ」

いたずらはしても心のやさしかったサムは、母にしが

みつきながら、みんなにちかいました。父のいなくなった家族は、母と子どもをあわせて5人でした。

　サムは、母を少しでも助けるために、学校をやめて、新聞社の印刷所ではたらくことにしました。でも、お金はもらえません。印刷所に住みこんで、仕事をして食べさせてもらうだけです。
「よし、仕事をしながら、文字や言葉をおぼえよう」
　サムは、どんなにひどいあつかいを受けてもおこらず、顔も手も服もインクだらけにして、はたらきました。
「亡くなったとうさんは、自分で新聞を作りたいといっていたことがあったのよ。どうかしら、とうさんのねがいを受けついで、兄弟で新聞を出してみたら」
　サムが15歳のころ、母のすすめで、兄弟3人は新聞の発行を始めました。
　サムの書く記事は、いきおいのある文章で、世のなかをひにくっていたので、町の人びとをよろこばせました。しかし、上品な新聞を作ろうとする、きまじめな兄とは、しだいに意見がしょうとつするようになり、2年ほどのちには、新聞作りにせいをだすのをやめてしまいました。ちょうどそのころ、サムは、フランスの愛国少女ジャンヌ・ダルクの伝記を読み、考えこむようになりました。
「いまのままではだめだ。ぼくも、もっと大きなものに

ちょうせんしてみよう」

　サムは、自分の人生は自分の力できりひらくことを決心しました。新聞の経営が悪くなっていたので、ほかの仕事で金もうけをして、家族をびんぼうからすくうことも考えていました。

　わが子のやさしい気持ちを感じた母は、どこへ行ってもまじめに生きていくことを神にちかわせて、サムの決心をゆるしました。

「アマゾンへ行って、ココアを作ったらもうかるぞ」

　南アメリカ大陸への冒険旅行を計画したサムは、お金をためるために、はたらきはじめました。

## ●ミシシッピ川の水先案内

　21歳のときサムは、シンシナチの港から、ミシシッピ川を、じょうきで水車をまわして走る外輪船に乗りこみました。

　ところが、胸をおどらせながらメキシコ湾のニューオーリンズへきてみると、アマゾン川の入り口まで行く船は、いつになったら出るのか、まったくわかりませんでした。

　冒険旅行は、あきらめなければなりません。困ってしまったサムは、ミシシッピ川を北へひき返して行く船を、ぼんやりとながめていました。するとそのときのことです。すばらしい思いが、サムの頭にひらめきました。

「ミシシッピ川の水先案内になろう」

　ミシシッピ川をのぼりくだりする船に乗って、船長やかじをとる船員に船が安全にすすむ方向をおしえる水先案内は、子どものころ、あこがれた仕事でした。

　サムは、港の水先案内人のところへかけこみ、自分を見習いにやとってくれるようにたのみました。何度ことわられても、いっしょうけんめいに、頭をさげました。

　アマゾンへの夢がこわれたサムは、ついに、水先案内見習いになりました。また、弟のヘンリーには船の事

務員になることをすすめ、やがて兄弟仲よく同じ船ではたらくようになりました。

　しかし、1年ののち、思いがけない不幸がおとずれました。船が爆発して、ヘンリーが死んでしまったのです。サムは、ひと晩で髪がまっ白になってしまうほど悲しみました。それからまもなく免許をとって正式の水先案内になりましたが、このころのことは人に語らなくなってしまいました。たくさんのお金がもらえるようになり、母を助けられたことだけが、心のなぐさめでした。

　水先案内の仕事は、4年でやめなければなりませんでした。1861年にアメリカの人びとがふたつに分かれて

戦う南北戦争が起こり、ミシシッピ川を船で行ききするのが、危険になったからです。

南北戦争は、北部が、アフリカからつれてこられた黒人どれいを自由にすることをとなえ、南部が、それに反対して起こった戦争です。

サムはどれいを自由にする北部の考えに賛成でしたが、南部に加わったハンニバルの町を守るため、しかたなく、南軍に味方をすることになりました。

銃をとって2週間もたたないころでした。なかまとともに、ひとりの敵兵と戦ったリムは、にくくもない人間と人間が殺しあう戦争が、どんなにばかばかしく、おそろしいものなのかをさとりました。

戦うことはやめましたが、このとき、シャツをまっかにそめて死んでいった兵のすがたを、サムは、長く忘れることができませんでした。

### ●失敗した金銀さがし

戦争をのがれたサムは、役人になっていた兄といっしょに、20日間も駅馬車にゆられて西部へ行きました。

水先案内の仕事でためたお金を持っていたサムは、金か銀のでる山をさがしあてれば、りっぱな事業家になれると考えていました。

「もうすぐ百万長者だ」
　革の長ぐつをはき、ふちの広いぼうしをかぶったサムは、すっかり西部の男らしくなって、山から山へ歩きまわりました。でも、いつになっても、金も銀も出てきません。そのうえ、大ふぶきや洪水におそわれ、むかしのわんぱくこぞうのサムも、とうとうつかれはてて、百万長者の夢をすててしまいました。
「ひともうけを考えたのは、まちがっていた。これでは、かあさんに心配かけるばかりだ。ほかの道をさがそう」
　自分の考えがあまかったことを反省したサムは、ネバダ州でいちばん大きな新聞社の記者になりました。

新聞記者サムは勇かんでした。鉱山の事故があれば、どんなに危険な場所へでも行って正確な記事を書き、ならずものにいじめられている人がいれば、弱い人の味方をして、社会の悪と戦う記事を新聞社に送りました。

マーク・トウェーンという名まえを使うようになったのは、このころです。水先案内で、船が走るのに安全な川の深さをはかるとき「マーク・トウェーン」と叫んでいたのを思いだして、原稿を書くときの名まえに決めたのです。

記事を書いて生活していけるようになったマーク・トウェーンは、29歳のとき、西部を去ってサンフランシスコへ行きました。ここでも、新聞やざっしにいろいろなものを書いていましたが、『カラベラス郡の有名なとびがえる』という短い物語が新聞にのると、マーク・トウェーンの名は、いちやく有名になりました。

その物語は、カエルの高とび競争のばくちで、じまんのカエルが、あいての男から鉄砲の弾をのまされ、重くてとぶことができずに負けてしまう、というこっけいな話です。

マーク・トウェーンは、ユーモアにあふれた文章だけでなく、社会のもんだいを人におもしろく話して聞かせることもとくいでした。たくさんの町から講演にまねか

れているうちに、作家マーク・トウェーンの名は、アメリカじゅうに知れわたりました。

● しあわせのあとにおとずれた不幸

　すっかり人気ものになったマーク・トウェーンは、34歳のときに、身も心ももえつきてしまうほどの愛情をそそいで、美しいオリビアと結婚しました。そして、およそ10年のあいだに3人のむすめにかこまれるようになり、しあわせな毎日がつづきました。
　つぎつぎに発表した旅行記や小説も、大評判になりました。なかでも、わんぱく時代の海賊ごっこを思いだし

ながら書いた『トム・ソーヤーの冒険』と『ハックルベリ・フィンの冒険』は、たちまちのうちに、おとなも、子どもも、むちゅうにさせました。子どもたちの自由なすがたを、これほど生き生きと描いた物語を読むのは、だれもが初めてだったからです。
「これはね、パパがいたずらっ子だったときの話だよ」
　マーク・トウェーンとオリビアは、こんな前置をしてふたつの物語をかわいいむすめたちにも、読んで聞かせました。
　やがて『赤毛布外遊記』や『王子とこじき』などの作品も書いて、ますます人気のあがったマーク・トウェーンは、もっとたくさんの利益を得ようとして、自分で出版社を作りました。
　ところが、59歳のたんじょう日をむかえたころ、この心のやさしい作家に、思いもかけない不幸がおそいかかりました。
　出版社がつぶれ、マーク・トウェーンは、ばく大な借金をかかえてしまいました。さらに長女を亡くし、つづいて妻も三女も病気で失ってしまったのです。
　マーク・トウェーンは、白い原稿用紙にむかっていても、なにを書いているのか、わからなくなってしまいました。70歳のとき、オックスフォード大学から文学博

士の名誉学位がおくられましたが、お祝いに集まった人びとの前で、ほんの少しよろこんでみせただけでした。
「妻や子どもが眠るところへ、わたしも行きたい」

ユーモアを忘れてしまったマーク・トウェーンは、しだいに、こんな悲しいことばをもらすようになり、1910年に、いっしょうけんめいに生きた74歳の生涯を終えました。

マーク・トウェーンの文学は、アメリカの国民文学だといわれています。それは、自由と平等と愛情につらぬかれているからです。目をつぶると、はだしでとびはねる、いたずらっ子サムのすがたが見えるようです。

# コッホ
(1843—1910)

原因のわからなかった病気をつぎつぎに解明し、人類を苦しみから救った細菌学者

## ●昆虫がだいすきな少年

「人類を伝染病からすくった世界の恩人だ」

およそ100年ほど前からこのようによばれてきたローベルト・コッホは、生涯、顕微鏡をのぞきつづけて、さまざまな病原菌を発見したドイツの医学者です。

1843年、ドイツ中央部のクラウスタールという小さな鉱山の町で生まれたコッホは、13人兄弟のなかでひとりだけ、かわった少年でした。

「ぼくは、大きくなったら船乗りになるんだ」

小さいころは、まだ1度も海を見たことがないのに、船乗りになって、遠い外国へ渡ることを夢見ていました。ところが小学校に入ると、こんどは昆虫採集にむちゅうになり、鉱山のかんとくをしていた父に虫めがねをもらってからは、1日じゅうでも、昆虫の観察を楽しむよ

うになりました。
「部屋がくさくて困るじゃないか。へんなやつだ」
そのうち子ども部屋で、カエルやネズミまで飼うようになったので、兄弟は、みんなおこりだしました。
でもコッホは、なにをいわれてもへいきでした。
「ふしぎな形をしてるだろう」「ええ、ふしぎだわ」
コッホは、エミイ・フラーツという少女と、くさい子ども部屋で、毎日昆虫と動物の観察をつづけました。
やがて中学校を卒業すると、コッホの理科の才能をおしむ教師のすすめで、ゲッチンゲン大学へ進んで医学を学びはじめました。

「ほんとうは商人にさせたかったのに、父も母も苦労して、ぼくを大学へ行かせてくれているのだ」

4年生のときには大学の懸賞論文で1等をとるほど、勉強にはげみました。なかでも興味をもったのは、顕微鏡で、目に見えない微生物を研究することでした。

虫めがねをのぞいていた少年は、こうして、顕微鏡をのぞく医者へと成長していきました。

● 牛や馬を伝染病から守る

大学を卒業したコッホは、船医になろうと考えました。ところがエミイに、ふたりがはなればなれになるのはいやだと、反対されてしまいました。

エミイを愛していたコッホは、船医になるのをあきらめ、エミイと結婚して、町に小さな病院を開きました。

病院ははんじょうしました。かわいい子どもにもめぐまれて、ふたりはしあわせでした。でも、しばらくすると、コッホは、研究することを忘れてしまっている自分に気づき、心がくもりました。

「伝染病の人びとを助けてくれといわれても、病気の原因がつかめず、どうしてよいのかわからない。こんなことで、ほんとうの医者といえるものか」

反省したコッホは、伝染病を研究しようと心に決め、

ふたたび、顕微鏡をのぞきはじめました。
　1870年、ドイツとフランスのあいだで普仏戦争が起こると、5か月間は、軍医として戦争に参加して色いろなことを学びました。そして戦争から帰るとすぐ勉強を始めて、伝染病の仕事をするために必要な、衛生技師の資格をとりました。
　29歳のコッホは、やがてウォルシュタインという町で医者として、また衛生技師としてはたらきはじめました。
　そのころヨーロッパの各地では、牛や羊をおそう、炭疽病というふしぎな病気が流行していました。

「悪魔か、死神のしわざだ」

　脾臓がまっ黒にはれあがり、黒い血をはいて死んでいく家畜を見て、農民たちは、ふるえあがりました。

　でも、悪魔のたたりなど、あるはずはありません。

「きっと、原因は微生物のしわざにちがいない」

　顕微鏡で、死んだ牛の血をのぞいたコッホは、まず、血液の中に小さい棒や糸のようなものを発見しました。さらに、健康な家畜の血液を調べて、その棒や糸状のものが、健康な家畜の血液にはないことを、つきとめました。しかしこれだけではまだ、病気の原因をさぐりあてたことにはなりません。

　そこで、こんどは死んだ牛の血液からとった棒や糸状のものを、ハツカネズミの傷をつけたしっぽにこすりつけて、実験をくり返しました。

　ハツカネズミは、つぎつぎに死にました。すると死んだハツカネズミの血液からは、やはり、棒や糸状のものが発見されました。

　もう、まちがいはありません。棒や糸状のものは、炭疽病をもたらす微生物だったのです。コッホは、やがて、その微生物が繁殖するすがたをつかむと、炭疽病の原因をまとめた論文を発表しました。

「コッホという田舎の医者が、たったひとりで、おどろ

くべき大発見をした」

コッホの名は、またたくまにヨーロッパじゅうに広まり、悪魔のたたりだとおそれられていたいい伝えも、まもなく消えてしまいました。衛生技師になって3年め、コッホはまだ32歳でした。

## ●人類がおそれた結核菌を発見

「コッホを、田舎の医者で終わらせてはいけない」

炭疽病につづいて、人間や動物の傷口の菌について研究をかさねたコッホは、37歳のとき、ドイツ政府から帝国衛生院の特別顧問にむかえられました。そして、す

ばらしい研究室と、二人の助手と、じゅうぶんな研究費をあたえられて、思いきり、微生物の研究にとりくむことができるようになりました。

　コッホが新しく始めたのは、結核菌の研究でした。

　そのころ結核は、じわじわと世界じゅうに広まり、原因不明の病気としておそれられていました。研究をつづける学者は数多くいましたが、病原菌があまりにも小さいため、だれも原因を発見することができませんでした。

　コッホは、結核で人が亡くなると、どこへでもとんで行きました。病院の死体置場で、いく日も過ごすこともありました。結核で死んだ動物も、手あたりしだいに調べました。

　結核を遺伝だという人もいましたが、コッホは、伝染病にまちがいないと信じていました。

　そこで、死者や結核患者からとった菌を、数えきれないほどの健康なモルモットや、ウサギや犬などのからだにうえつけて、病気をうつす実験をくり返しました。

「自分のからだに結核菌が入りこまなかっただろうか」

　コッホは、いつも心配でした。

　やがて、実験に使った動物たちが、つぎつぎに、同じような症状で死んでいくのを見て、結核は菌による伝染病だということを、はっきりたしかめました。また、死ん

だすべての動物に、結核で亡くなった人からとった菌と、まったく同じものが繁殖していることもつきとめました。
「先生、ついに結核の正体を発表できますね」
　助手たちは、感激してコッホの手をにぎろうとしました。でも、コッホは「まだだよ」とひとこといったきり、また研究をつづけました。炭疽病菌のときと同じように、菌の繁殖のようすを調べることが残っていたのです。
　1882年、この小さな菌は、生きている体内でしか繁殖しないことや、太陽の光と熱に弱いことなどを発見して、結核菌の研究成果を発表しました。
「人類にとって記念すべき勝利の日だ」

すばらしい発見をよろこび、偉大なコッホをたたえる声は、あっというまに世界に広がり、微生物の研究にとりくむ学者たちが、つぎつぎにベルリンのコッホのもとへ集まりました。

　しかし、コッホは、じまんひとついいませんでした。
「わたしは、ただ、全力をつくしてはたらいただけです」
　静かにこういったコッホの心の中は、実験で殺してしまったかわいそうな動物のことでいっぱいでした。

### ●命がけでつきとめたコレラ菌

　1883年、39歳になっていたコッホは、伝染病のなかでも、もっともおそろしいコレラを研究することになりました。コレラが大流行しているエジプトのアレクサンドリアへ行き、コレラ菌をつきとめて、その治療と予防方法を研究してくるように、政府から命じられたのです。

　コッホは、顕微鏡をかかえて、エジプトへのりこみました。ところが、ちょうど同じとき、フランスでは、コッホも尊敬する細菌学者のパスツールを、やはりエジプトへ送りこむことになっていました。

　フランスとドイツは、10数年まえの普仏戦争で戦い合った敵国どうしです。だから、パスツールがエジプトへ派けんされることになったとき、ドイツ政府は、コレ

ラ菌の発見でフランスに負けないように、コッホをエジプトへ行かせたのです。結局、このときパスツールは狂犬病の研究がいそがしくてエジプトへはきませんでしたが、コッホには初めから、そんなことでパスツールとあらそう気持ちなどまったくありませんでした。
「人びとの命をすくうことがたいせつなんだ。だれが先に菌を発見するかなど、問題ではない」
　コッホは、医学者としての使命だけを考えていました。そのしょうこに、エジプトでコレラの流行がおさまると、研究をつづけるために、こんどは自分から政府にたのんで、コレラ患者のおおいインドへ渡りました。

「危険な仕事だが、おそれてはならない」

　コッホは、インドじゅうをかけまわりました。コレラ患者のいるところなら、どんなにきたない場所へも行きました。どんな山奥へも行きました。そして、コレラだと思う菌を発見するたびに、モルモットにその菌をうつして実験をくり返しました。

　こうしてコレラ菌のすがたをつかむと、伝染のしかたについても調査をすすめました。そして、コレラ菌は、ふけつな飲み水などにまじって口から伝染することや、乾燥地よりも湿気のおおいところに繁殖しやすいことなどを、つきとめました。

●世界の国ぐにから賞

「全人類の救いの神だ」

　ドイツへ帰ると、またまた、すばらしい功績がたたえられました。国からは、勲章とばく大な研究費がおくられたほか、ベルリン大学衛生学教室の主任教授にも任命されました。

　しかし、コッホは、人びとからどんなにほめられても、やはり、少しも得意そうな顔をしませんでした。コッホにとっては、名誉や権威などはけっしてたいせつなものではなく、研究することだけが生きがいだったからです。

　コレラ菌の研究を終えたコッホは、もういちど結核の研究にもどり、人間が結核菌におかされたかどうかをたしかめる、ツベルクリンを考えだしました。1890年、これを発表するとイギリス、ロシア、オーストリアなどの医学会から名誉会員にえらばれ、さらにつぎの年には、ドイツ国立伝染病研究所の初代の所長に任命されました。
「コッホには、祖国のドイツだけではなく、世界の各国がどんな賞をあたえてもたりないくらいだ」
　世界の人びとが、感謝のしるしをおくろうとしました。
　しかし、このころコッホには、深いなやみがありました。研究にうちこみつづけた長いあいだのうちに、妻と

の心の結びつきが、とけてしまっていたのです。

　むかし、コッホが船医への夢を語ったときに、恋人だったエミイは、はなればなれの生活はいやだと反対しました。その気持ちは、妻となっても変わりませんでした。コッホに家庭をふりかえってもらえないことが、さみしくてしかたがなかったにちがいありません。家庭のあたたかさを求めようとしたエミイは、コッホをおこらせるようになっていました。

　コッホは、苦しんだすえに離婚しました。でも別れたのちも、不自由のないようにエミイの生活を助けることは、忘れませんでした。

　やがて2どめの結婚をすると、こんどは妻をたいせつにして、外国への旅行には、いつもつれて行きました。

## ●日本へきて北里柴三郎とあく手

　50歳をすぎてもアフリカ、インド、ニューギニアなどへ渡ってペストやマラリアの研究をつづけたコッホは、62歳のとき、ノーベル生理・医学賞を受賞しました。ノーベル賞ができてから5年め、1905年のことでした。

　コッホは、1908年には、世界一周の旅のとちゅうに、日本もおとずれました。明治時代があと4年で終わりになるという年のことです。このとき、破傷風菌を発見し

た日本の細菌学者北里柴三郎は、16年ぶりにコッホの手をにぎりました。柴三郎は、コッホの指導を受けるためにドイツへ集まった学者のひとりだったのです。

医学のうえで偉大な功績を残し、また、生涯のうちにたくさんの医学者を育てたコッホは、1910年に、66歳で亡くなりました。

「わたしが、いろいろな発見をすることができたのは、運がよかったからです。わたしの才能がすぐれていたからではありません」

いつもこのように語っていたコッホは、けっして、自分のじまんをすることのない、心の美しい医学者でした。

# ゴーガン (1848—1903)

1848年にパリで生まれたポール・ゴーガンは、子どものころは、画家になろうなどと考えたことはありませんでした。中学校を卒業すると17歳で船乗りになり、6年間、商船や軍艦に乗って世界の海をまわりました。そして23歳のときに海軍水兵をやめて証券会社に入り、それから12年間は、ふつうのサラリーマン生活をつづけました。

絵は、25歳ころからかきはじめていましたが、画家として生きていくことを決心したのは、35歳のときでした。

このときすでに、5人の子どもの父親だったゴーガンは、生活費をかせぐために町の広告張りまでやりました。初めての個展は失敗に終わり、それに妻とは別居しなければならず、画家への道はきびしいものでした。しかし、パンと水だけの生活にもたえて、がんばりつづけました。

40歳のときに、画家ゴッホにまねかれて地中海に近いアルルで暮らそうとしました。ところが、精神病の発作におそわれたゴッホが、自分の耳をかみそりで切り落としてしまう事件が起こり、ゴーガンは、わずか2か月でパリへもどりました。

このころからゴーガンは、文明によごれた都会の暮らしに、うんざりするようになりました。

「人びとが自由にのびのびと生活している、南の島へ行こう」

熱帯の島にあこがれた43歳のゴーガンは、絵を売って、お金をつくると、たったひとりで南太平洋に浮かぶタヒチ島へ渡りました。それから2年ご、いちどだけフランスへもどりましたが、ふたたびタヒチへ向かい、のちにはマルキーズ諸島に

ゴーガン画『黄色いキリストのある自画像』

移って絵をかきつづけました。

　島での生活は、らくではありませんでした。絵をフランスへ送ってお金にかえたり、島の役所ではたらいたりしながら、やっと暮らしをささえました。病気と孤独の苦しさのあまり、自殺をはかったことさえありました。

　『かぐわしき大地』『白い馬』『黄色いキリスト』などの傑作を生んだゴーガンは、島の人びとと、深く結ばれていました。貧しい人たちと力をあわせて、島の支配者ともたたかいました。だからゴーガンが心臓病で亡くなったとき、島の人びとは、父を失ったかのように悲しみました。

　ゴーガンの生涯は、けっしてしあわせではありませんでした。しかし、孤独や貧困とたたかうことによって、単純な形と単純な色の、ゴーガンだけの絵を生みだしました。人のまねをしなかったゴーガンこそ、ほんとうの芸術家でした。

# パブロフ (1849—1936)

「犬は、えさを見ると、よだれをだす。ところが、えさをあたえるたびにベルを鳴らすのをくり返すと、やがて犬は、ベルの音を聞いただけで、よだれを流すようになる」

これは条件反射という、動物の脳のはたらきを示す実験です。

1849年、ロシアのリャザンという古い町で生まれたイワン・パブロフは、この条件反射を発見した、ソ連の生理学者です。

神父を父にもったパブロフは、父のあとをつぐために、少年時代は神学校で学びました。しかし、しだいに生理学がすきになり、20歳のときにはペテルブルク大学へ進んで、消化器や神経の研究にとりくむようになりました。

「食べものと胃と神経の関係はどうなっているのだろうか」

大学を卒業して医学博士の学位をとったパブロフは、犬を使って実験を始めました。それまでは、動物実験というと、かいぼうや大がかりな手術がつきものでした。でもパブロフは、犬を苦しませないで実験する方法をくふうしました。正しい観察をするためには、犬を、できるだけ自然のすがたのままにして調べることがたいせつだ、と信じていたからです。

まず、腹部の小さなあなから胃液が流れでるようにした実験で、食べものを消化する胃液のでかたは、あたえられた食べものによってちがうことや、脳や神経のはたらきと結びついていることを、明らかにしました。また、口の中のだ液が、ほおから外に流れでるようにした実験では、だ液も脳のはたらきとつながりがあることを、つきとめました。

こうして、およそ30年もの長い年月と、気の遠くなるよう

な数かずの実験から、条件反射は発見されたのです。
「いったい、条件反射はどうしておこるのだろうか」
　さらに実験をつづけたパブロフは、ついに条件反射が大脳のはたらきでおこることを発見して、それまでわからなかった大脳のしくみも、はっきりつきとめました。
　犬の実験で発見された条件反射が、そのまま人間にもあてはめることができました。パブロフが生涯をかけて、人間のからだと心の関係をみきわめようとした努力が、大きくみのったのです。
　1904年、パブロフはソ連の科学者としては初めて、ノーベル医学賞を受賞しました。「わたしが発見したのは、ひとかたまりの土くれです」と語っていたということです。年をとってからも「観察、そして観察」という大すきな言葉を実行して、86歳で亡くなるまで、研究をおこたりませんでした。

# フロイト （1856—1939）

　人の心には、ふだん感じたり考えたりする心の奥深くに、もうひとつ、いつも眠らされている、自分でも気がつかない心がひそんでいます。そしてそこには、常識をやぶってなにかをしたい心や、忘れてしまいたい心などがとじこめられ、それが目をさまそうとしては、人間を苦しめます。

　1856年に、オーストリアのモラビア（いまのチェコ中部）で生まれたジクムント・フロイトは、世界で初めて、この人間の奥深い心を研究した精神医学者です。

　フロイトが3歳のとき、家族は、ユダヤ人だったために町を追われ、ウィーンへひっ越しました。

「どんなこともしんぼうして、人に負けない人間になろう」

　フロイトは高等学校をいちばんで卒業するとウィーン大学へ進み、医学や動物学や心理学などを学びました。そして卒業ごも大学に残り、教授になる夢をいだいて神経症の研究を始めました。

　しかし大学教授への夢は、29歳のときやぶれてしまいました。パリに留学して学んだ「ヒステリーは男子にもある」という考えが、だれにも認められず、大学を追われてしまったのです。

　フロイトは、町で小さな看板をかかげ、患者のしんさつをしながら、神経症の研究をつづけました。そして、患者の心に浮かんだことを自由に語らせ、それをてがかりにして、その人の奥深い心をひきだす方法を考えました。

「心の奥にあるなにかが、苦しみをもたらしているのだ。その正体さえみやぶれば、患者をすくえるのではないだろうか」

　やがてフロイトは、夢を分析してみようと思いたちました。

眠っているときに見る夢こそ、心の奥にひそんでいるもうひとつの心と、深い関係があると考えたからです。精神分析学と名づけられたこの研究は、しだいに実を結びはじめました。

「フロイトのいいつづけたことは、でたらめではなかったのだ」

フロイトは、50歳をすぎてようやく世界の注目をあびるようになりました。「人間の心」の画期的な研究は、文学者や芸術家や哲学者の心さえもゆさぶりました。

しかし、やっと栄光につつまれたフロイトに、のろわしい運命が待っていました。がんにおかされたのです。そのうえ、ユダヤ人にむけられたナチス・ドイツのぎゃくたいのため、住みなれたウィーンを逃げださなければなりませんでした。

ロンドンで83歳の生涯をとじた時、心の探検者フロイトのまくらもとには、書きかけの精神分析の原稿が残されていました。

# チオルコフスキー (1857—1935)

　宇宙ロケットの研究を、19世紀の後半に世界で最初に始めたのが、ロシアの物理学者コンスタンチン・エドアルドビッチ・チオルコフスキーです。

　1857年にモスクワ近くの小さな村で生まれたチオルコフスキーは、9歳のとき、しょうこう熱という病気にかかって耳が聞こえなくなってしまいました。

　学校へも行けず、友だちとあそぶこともできませんでした。少年のチオルコフスキーには、音のない暗い毎日がつづきました。しかし、そんなさびしさを、父の持っていた科学や数学の本がすくってくれました。やがて風の力で走る帆車や、きょりを測る天測儀などを作り、村で評判の科学少年になりました。

　チオルコフスキーは、16歳のときモスクワへ勉強に行き、毎日図書館にかよっては、ひとりで勉強にはげみました。やがて、ふるさとに帰り、先生の資格をとって、村の中学校の数学教師になりました。

「人類が宇宙を飛びまわる日が、かならずやってくる」

　飛行機が発明される20数年もまえでしたが、教師となったチオルコフスキーは、すでに宇宙への夢をいだいていました。

　1903年、アメリカのライト兄弟が木と布の飛行機で初めて空を飛ぶのに成功しました。しかしもっとすすんだ飛行機を研究していたチオルコフスキーの心は、少しもさわぎませんでした。

「飛行機は、重くても金属でなければだめだ。機体は流線型にして、つばさは2枚や3枚よりも1枚のほうがよい」

　チオルコフスキーは、ただ空に浮かぶというだけではない飛

行機の未来のすがたを、考えていたのです。
　飛行機ばかりではありません。ライト兄弟の成功より10年もまえから『月の上で』『地球と宇宙にかんする幻想』などの空想科学小説や、『ロケットによる宇宙空間の研究』などの論文を書いて、ロケットや人工衛星のことまで考えていました。さらに、人間が月の上に立つことさえみとおしていたのです。
　1917年にロシア革命が起こってソビエト政府ができると、チオルコフスキーは科学アカデミー会員にえらばれ、宇宙に飛びだすための多段式ロケットの研究をつづけました。そして1935年、宇宙への夢を、自分の育てた研究者たちにたくして、78歳で亡くなりました。
　1959年に月の裏がわの写真さつえいに成功したソ連では、その噴火口のひとつを「チオルコフスキー噴火口」と名づけて、この偉大な宇宙科学者をたたえました。

# ディーゼル (1858—1913)

　空気を強く圧縮すると高い温度になります。この原理を応用して、空気を圧縮した筒のなかに液体の燃料を噴射して自然発火させ、爆発力でピストンを動かすエンジンが、1897年に発明されました。そのエンジンを発明したのが、ルドルフ・ディーゼルです。

　ディーゼルは、1858年、フランスのパリに生まれました。両親ともドイツ人で、父はパリの皮革工場の労働者でした。幼いころから機械がだいすきだったディーゼルは、ひまさえあれば技術博物館へ通って、あきずに機械をながめていました。

　1870年の7月、フランスとドイツのあいだで普仏戦争が起こり、一家は危険をさけてイギリスへ渡りました。やがて戦争が終わると、ディーゼルは、ドイツのミュンヘン工業大学へ進むことになりました。父が、機械ずきのわが子の才能を、故国ドイツの大学でのばしてやろうと考えたのです。

「おとうさんありがとう。りっぱな技術者になってみせます」

　ディーゼルは目を輝かせて勉強にはげみました。そして、蒸気機関では、石炭の熱エネルギーがわずか20パーセントさえ生かされていないことを知り、エネルギーをむだにしない新しい動力機関の研究にとりくみました。

　大学を卒業すると、高い圧力やアンモニアを研究するために、パリへでて冷凍工場の技師になりました。そして、アンモニアの蒸気を使った蒸気機関をつくろうと考えましたが、この研究は実をむすびませんでした。

　そのころ、同じドイツ人のダイムラーによって、ガソリンエ

ンジンが発明され、ディーゼルは、このすばらしい発明に目をみはりました。でも、自分の発明はなげだしませんでした。
「ガソリンエンジンは、電気の火花で点火しなければならない。でも、点火させずにすむ方法があるはずだ」

ディーゼルは、もういちどドイツへ帰り、それから10年ものあいだ、何度も失敗をくり返しながら実験をかさねて、38歳のとき、ついに力強い新エンジンを発明したのです。

1912年に、ディーゼルエンジンをつけた世界で初めての船が造られました。ところが、そのよく年にイギリスのエンジン工場の視察にでかけたディーゼルは、船の上から、とつぜんすがたを消してしまいました。あやまって海に落ちたのか自殺したのか、それはいまも、なぞにつつまれたままです。

ディーゼルエンジンは、そのご重油という安い燃料の普及で、世界の乗り物や産業にひろく用いられるようになりました。

# ザメンホフ（1859—1917）

　ザメンホフは、エスペラント語という国際語を考えだして、それを世界に広めた人です。

　ポーランドのビアウィストクという町に生まれたザメンホフは、中学校で語学と地理の教師をしていた父に、早くから世界の言葉を学びました。また、やさしい母からは、人と人が助けあう愛情のたいせつさを教わって育ちました。

　あたたかい家庭にいるときのザメンホフは、幸せでした。しかし、外へ出るたびに、心が暗くなってしまうことがありました。それは、町の人びとの間で、みにくい争いが絶えないことでした。ロシアに支配されていた、このころのポーランドには、ポーランド人のほかユダヤ人、ロシア人、ドイツ人など、さまざまな人が住み、それぞれ違う言葉を使っていました。そのため、人びとの心が、なかなか通いあわなかったのです。

　やがて中学校へ進むと、言葉の違う民族どうしの争いは、世界がかかえている大きな問題だということを知りました。そして、いくつかの外国語を学んでいくうちに、みんなが同じ言葉を使うようになれば争いは少なくなるにちがいない、と考えるようになりました。

「そうだ、どこの国の人にも使いやすい、新しい言葉を作ろう」

　ザメンホフは、つくえに辞書を積みあげて外国語の研究にとりくみ、19歳のときに、ひとつの国際語をまとめました。

　ところが、言葉の研究は父に反対され、ザメンホフは大学の医学部へ入学させられました。せっかくまとめた国際語の原稿も、父の手で焼き捨てられてしまいました。

　しかし、ザメンホフの信念はかわりません。医学のかたわら研究をつづけ、大学を卒業して眼科医になった２年めに、エスペラントというペンネームで、ついに完全な国際語を発表しました。
　結婚して子どもが生まれた眼科医の生活は、あすのパンも買えないほど貧しいものでした。でも、ザメンホフは、こんどは国際語を広めることに全力をつくしました。そして1905年に、パリで開かれた第１回の万国エスペラント大会では、こみあげるなみだをこらえて、語りかけました。
「全世界の、全人類の大きな家族のみなさん……」
　ザメンホフは、そのご『旧約聖書』や各国の文学作品をエスペラント語に翻訳する仕事をつづけて、57歳で世を去りました。エスペラント語は、いまも世界の一部で使われ、日本でも、日本エスペラント学会がおかれて活動を続けています。

# チェーホフ （1860—1904）

「人間には、だれにだって、よろこびもあれば悲しみもある。だから人間は、たとえ苦しくても生きていかなければならない」

このような考えで、だれにでもわかる劇や小説を書いたアントン・パブロビッチ・チェーホフは、1860年に、ロシア南部のタガンログという港町で生まれました。

雑貨屋を営んでいた父はとても乱ぼうな人だったので、少年のころのチェーホフは、よくなぐられました。そのうえ、16歳のときに父が破産して家族はちりぢりになってしまい、少年らしい楽しみなど、1度も味わったことがありませんでした。

しかし、チェーホフはふしぎなほど希望を失わず、家庭教師をしながら中学校を卒業しました。そしてモスクワ大学へ入学して、医者になるための勉強をしながら、授業料と生活費をかせぐために、短いユーモア小説を書きはじめました。

300編もの短編小説が、つぎつぎに新聞や雑誌に発表され、大学を卒業するころには、小説を書くだけで母や兄弟を養えるほどになっていました。ところが、あるとき有名な老作家から、たくさん発表するよりもすぐれた作品を書きあげていくことのほうがたいせつだと、思いやりのある忠告を受けました。

チェーホフは反省しました。そして、それからは人間の生きかたを深くみつめた作品を書くようになりました。

精神病院の医者が、患者から逆に狂人あつかいされて死んでいくすがたを描き、ロシアの暗い社会をひにくった『6号室』。愛情をささげる人によって、自分の生きかたまで変わっていく女性を描いた『可愛い女』。平凡な人生のなかの小さな光を見

つめた『かもめ』『ワーニャ伯父さん』『三人姉妹』『桜の園』は、のちにチェーホフの4大戯曲といわれるようになりました。
　大学を卒業したころから結核におかされていたチェーホフは、これらの名作を、病気とたたかいながら書きました。生きることを愛するやさしい心は、どの作品にもあふれています。
　チェーホフは、小説を書きつづけたばかりではありません。医者としても、島に流された罪人や伝染病に苦しむ人びとのためにはたらきました。さらに、自分で学校を建てたり、ふるさとの小学校に本を寄付したりして、社会のためにつくしました。
　チェーホフの劇をよく理解していた女優クニッペルと結婚したのは41歳のときです。ところが、それからわずか3年のち、結核が悪くなってドイツの温泉地で亡くなってしまいました。
　チェーホフの作品は明治時代から日本人にも親しまれ、とくに日本文学や演劇の発展に大きなえいきょうをあたえました。

# 「読書の手びき」

### ノーベル
ノーベルは、晩年は世界の軍備競争にまきこまれて、武器を生産して利益を得る「死の商人」となり、人類の発展のために発明したはずの火薬が、逆に人類をほろぼすものになることに苦しみました。そして、そのごの20世紀は、ノーベルが心を痛めたとおりになりました。人類が悪に手をそめて第1次・第2次世界大戦をひき起こし、数千万人の命を奪いあったのです。国籍、人種、宗教に関係なく、文化の発展と人類の平和につくした人に贈られるノーベル賞は、すばらしいものです。しかし、人間と人間が火薬で殺しあう戦争が地球上から絶えないかぎり、ノーベルの遺志は、ほんとうにひきつがれてはいない、といってよいのかもしれません。発明、発見には人間の知恵が必要です。でも、発明、発見されたものを真に人類の進歩に役だてていくためには、さらに大きな知恵がなければならないようです。このことは、日本に投下された原子爆弾が、なによりも明白に証明しています。

### マーク・トウェーン
アメリカがイギリスの植民地から立ちあがって、合衆国として独立を宣言したのは1776年。マーク・トウェーンが『トム・ソーヤーの冒険』を発表したのは、それからちょうど100年ごのことでしたが、そのころまでのアメリカの開拓者の家庭では、火を囲んで話術を競いあう楽しみをもっていました。ほかに娯楽がなかったからです。トウェーンは、その話術を競いあう楽しみで蓄積されたもののなかから、自由な話しぶりを自分のものにして、明るい近代少年文学をきずきあげたのだ、といわれています。それまでの子どもの読みものは教訓的なものばかりでしたが、トウェーンは、その殻を破って物語にはだかのままの悪童を登場させ、みずみずしい生き生きした